Inhalt

Auftragsorientierte Produktion - Das Ende der Bestände?

Kernthesen

Beitrag

Fallbeispiele

Weiterführende Literatur

Impressum

Auftragsorientierte Produktion - Das Ende der Bestände?

I. Zeilhofer-Ficker

Kernthesen

- Produzierende Unternehmen haben mit steigenden Variantenzahlen bei immer kürzer werdenden Lieferzeiten zu kämpfen.
- Um teure Bestände zu vermeiden wird zum Großteil auftragsorientiert produziert beziehungsweise geordert.
- Zur Kostenreduzierung trägt oft auch bei, dass ein Großteil der Wertschöpfung eines Produkts außerhalb des Unternehmens bei Zulieferern stattfindet.

Beitrag

Steigende Variantenzahlen bei hohem Kostendruck und die Erwartung von kurzen Lieferzeiten sind heute tägliche Herausforderung von Produktionsbetrieben. Mit konventioneller Massen- oder Serienfertigung können diese Anforderungen nicht mehr erfüllt werden. Auftragsorientierte Produktionsmethoden setzen sich daher fast überall durch.

Zielsetzung: Variantenvielfalt und kurze Lieferzeiten ohne Bestände

Es ist noch gar nicht so lange her, da war es normal, auf seinen Mercedes zwei Jahre lang warten zu müssen. Dabei konnte man nur unter wenigen Modellen, Motoren und Farben wählen und war froh, wenn das gewünschte Fahrzeug endlich zur Abholung bereit stand.

Heute kann man unter einer Vielzahl von Modellen, Motorversionen, Innenausstattungen, Zusatzgeräten wie Klimaanlage, Navigationssystem oder Sitzheizung wählen und trotzdem mit der Lieferung des Autos innerhalb von wenigen Wochen rechnen. Auch in vielen anderen Branchen hat sich eine Variantenvielfalt bei kürzester Lieferzeiterwartung durchgesetzt, die den Verantwortlichen für Produktion und Supply Chain Kopfzerbrechen bereitet. (1)

Hinzu kommt der ständige Druck nach geringeren Kosten und damit kürzeren Durchlaufzeiten. Vorräte und Bestände sollen am besten ganz vermieden werden, denn Bestände binden Kapital und sind ein Risiko, wenn die Marktsituation nicht absolut richtig eingeschätzt werden kann. (1), (2)

Die produzierende Industrie ist deshalb zum Großteil zu Produktionssystemen übergegangen, die von bestehenden Aufträgen angestoßen werden. Die auftragsbezogene Fertigung stellt sicher, dass am Ende eines Produktlebenszyklus nicht große Mengen an Fertig- und Halbfertigwaren unter Kosten verkauft oder gar vernichtet werden müssen. (2)

Lösungsansätze

Auftragsfertigung bei Zulieferern

Die Konzentration auf Kernkompetenzen zog in den

letzten Jahren eine weit gehende Verlagerung der Wertschöpfung zu den Zulieferern nach sich. Wurden früher nur Teile zugekauft und dann selbst montiert, so ist es heute üblich, komplette Module zu beziehen und oft sogar vom Lieferanten selbst einbauen zu lassen. Im Elektronikbereich werden die Geräte häufig komplett vom Auftragsfertiger hergestellt und nur noch mit dem Markennamen des Auftraggebers versehen. Ein Großteil des Produktions- und damit des Bestandsrisikos wird so dem Zulieferer aufgebürdet. (3), (4), (5), (7)

Für lohnintensive Komponenten werden Alternativen in Billiglohnländern in Betracht gezogen. Sowohl das Sourcing als auch die komplette Produktionsverlagerung ins Ausland können aber mit großen Risiken behaftet sein. Qualitätsprobleme, unerwartete politische Veränderungen, das Kopieren von proprietärer Technologie, unerwartete Logistikkosten sowie der Mangel an qualifizierten Arbeitskräften können schnell die Kostenvorteile der Billigfertigung neutralisieren. Die Komplexität des Global Sourcing darf daher nicht unterschätzt und muss sorgfältig analysiert werden. (6)

Doch egal ob die Lieferanten im In- oder Ausland sitzen, das Management der externen Wertschöpfung ist sowieso eine äußerst komplexe Aufgabe. Der Informationsfluss über die Unternehmensgrenzen hinweg, die Kommunikation über unterschiedliche IT-Systeme sowie eine gemeinsame Zielsetzung sind unerlässlich. Nur mit partnerschaftlicher Zusammenarbeit können die Kompetenzen von Produktionsunternehmen und Zulieferer zum beiderseitigen Nutzen kombiniert und das vorhandene Innovationspotenzial gehoben werden. In Zusammenarbeit mit den verschiedenen Partnern des Wertschöpfungsnetzwerkes kann an der Eindämmung der Variantenvielfalt und der Lagerbestände gearbeitet werden. (7), (8), (9)

Automatisierung

Die Automatisierung der Produktionskette wird oftmals mit Massenproduktion oder wenigstens Großserien in Verbindung gebracht. Doch die Automatisierungsbranche hat den Trend zu kleineren Stückzahlen bei großer Variantenzahl erkannt und Lösungen entwickelt. Ob hochflexible Roboterlösungen oder die direkte Fertigung vom Datenmodell zum Kunststoffbauteil durch Laser-Sintern - für viele Produktionsanforderungen sind bereits Maschinen und Geräte verfügbar. Hochflexiblen Produktionssystemen gehört auf jeden Fall die Zukunft. (10), (11), (12)

Ein Blick auf die Prozesse

Der wichtigste Schritt zur Flexibilisierung von Produktionssystemen ist die sorgfältige Analyse der verschiedenen Prozesse. Wo gibt es Schwachstellen im Material- oder Informationsfluss? Welche Schritte/Maschinen/Lieferanten verursachen Lagerbestände und warum? Wie können Problembereiche eliminiert werden? Wo gibt es Einsparpotenziale? Ein ganzheitlicher Blick auf das Wertschöpfungsnetzwerk zeigt schnell auf, an welchen Problemstellen gearbeitet werden sollte. Eine Visualisierung der Wertströme kann sich hierbei als äußerst hilfreich erweisen, ebenso wie die Darstellung eines Soll-Konzepts. Denn nur mit optimalen Prozessen können kundenspezifische Aufträge zu akzeptabeln Kosten in kürzest möglicher Zeit realisiert werden. (13), (14), (15)

Ein Beispiel gegen den Trend

Outsourcing ist in, die Verlagerung von Produktion in Billiglohnländer ebenfalls. Kapazitäten werden bis zum letzten Prozent ausgenutzt und am liebsten sollen die Produktionsbänder sieben Tage die Woche 24 Stunden lang laufen. Nicht so beim spanischen

Bekleidungsunternehmen Zara. Hier wird fast die Hälfte der Produktion im Einschichtbetrieb in eigenen Werken durchgeführt und selbst die gesamte Logistik wird in eigener Verantwortung gemanagt. Verkauft wird ausschließlich in eigenen Geschäften und produziert wird in kleinen, exklusiven Partien, die nicht nachproduziert werden, wenn sie verkauft sind. Flache Hierarchien gewährleisten die direkte Kommunikation von Kundenwünschen und Kaufverhalten an die Designer, sodass neue Trends schnell in neue Produkte umgesetzt werden können. (16)

Im Gegensatz zu vielen anderen Textilunternehmen arbeitet das alles aus einer Hand-System hoch flexibel und hoch profitabel. Unverkäufliche Lagerware gibt es so gut wie nicht und auf Nachfragespitzen kann durch die nicht voll ausgelasteten Kapazitäten schnell reagiert werden. Die Zara-Manager führen ihren Erfolg auf die durchgehende Kontrolle der Wertschöpfungskette sowie auf die direkten Kommunikationskanäle zurück. Es ist durchaus vorstellbar, das ein ähnliches Modell auch für andere Produktionsbetriebe Erfolg versprechend sein könnte. (16)

Fallbeispiele

Outsourcing im eigenen Werk

Ford hat die gesamte Türmontage der Ford Fiesta und Ford Fusion Fahrzeuge an die Firma Faurecia, Köln vergeben. Damit die Lieferung und Montage der Autotüren in den Produktionsfluss eingebunden werden kann, sitzt Faurecia direkt an der Schnittstelle vom Ford-Werk zum Zulieferpark. In nur 210 Minuten werden die Türmodule gefertigt und mit Scheiben und Außenspiegel versehen und komplett einbaufähig an Ford zurückgeliefert. Bei 270 Modulvarianten ist eine Produktion auf Vorrat dabei nicht möglich. (4)

Partnerschaftliche Zusammenarbeit

Schlechte Erfahrungen mit der Qualität von Elektronikteilen für Quarzuhrenwerke aus Fernost machte die Franz Hermle & Sohn Uhrenfabrik GmbH & Co. KG in Gosheim in den 80er Jahren. Mit der TELTRON Elektronik GmbH, Ruhla, fand man einen deutschen Lieferanten, der nicht nur qualitativ hochwertige Teile liefern konnte, sondern in Zusammenarbeit mit Hermle eine Fertigungslinie für die automatische Montage des Uhrenquarzes entwickelte. Hermle Uhren tragen nun wieder mit Stolz das Prädikat Made in Germany. (21)

Weiterführende Literatur

(1) Perlen in der Kette
aus LOGISTIK HEUTE, Heft 3/2005, S. 48-49

(2) Vorrats- und Bestandsmanagement Schlank und modern
aus BA Beschaffung aktuell, Heft 6, 2005, S. 26

(3) Interview mit Dr. Hanspeter Stabenau
aus PPS Management, Nr. 1, 2005, 11-12

(4) Start aus dem Nichts
aus Automobil Industrie Nr. 07-08 vom 20.07.2005
Seite 050

(5) BenQ buhlt zunehmend um Kunden in Europa
aus Financial Times Deutschland vom 07.06.2005,
Seite 4

(6) Produktion im globalen Umfeld - Auslandsaktivitäten - Erfolgsaussichten oder Risiken?
aus ZWF - Zeitschrift für wirtschaftlichen Fabrikbetrieb, Heft 5/2005, S. 246-250

(7) DIE NEUEN STÄRKEN
aus brand eins, Heft 4/2005, S. 80-86

(8) "Blindflug durch die Einkaufskette"
aus Automobil Produktion, Heft 4/2005, S. 46-48

(9) Der Preis bleibt heiß
aus Financial Times Deutschland vom 13.04.2005, Seite EN17

(10) Montageautomatisierung durch innovative Produkte und Prozesse
aus ZWF - Zeitschrift für wirtschaftlichen Fabrikbetrieb, Heft 3/2005, S. 94-98

(11) Von CAD zum Bauteil e-Manufacturing bietet ungeahnte Möglichkeiten nicht nur in der Serienfertigung
aus INDUSTRIE SERVICE, Heft 5, 2005, S. 30

(12) Das Überleben der deutschen Autoindustrie ist nicht sicher Japan und China vor der Tür
aus BA Beschaffung aktuell, Heft 6, 2005, S. 30

(13) Fabrikplanung zur Umsetzung Ganzheitlicher Produktionssysteme im Wertschöpfungsnetz
aus ZWF - Zeitschrift für wirtschaftlichen Fabrikbetrieb, Heft 5/2005, S. 279-284

(14) Wertstromdesign in der variantenreichen Produktion
aus ZWF - Zeitschrift für wirtschaftlichen Fabrikbetrieb, Heft 1-2/2005, S. 47-52

(15) Mehr Effizienz und Flexibilität für die Produktion - Prozesse mit Lean Management-Methoden optimieren
aus ZWF - Zeitschrift für wirtschaftlichen Fabrikbetrieb, Heft 5/2005, S. 270-273

(16) Ferdows, Kasra / Machuca, José, A. D. / Lewis, Michael A., Über Nacht zum Kunden, Harvard Businessmanager, 25.01.2005, Nr. 2, S. 80
aus ZWF - Zeitschrift für wirtschaftlichen Fabrikbetrieb, Heft 5/2005, S. 270-273

(17) Fünf-Tage-Albtraum der Zulieferer
aus Automobil Produktion, Heft 2/2005, S. 3

(18) Bretzke, Wolf-Rüdiger, Termintreue schlägt kürzeste Lieferzeiten, DVZ Deutsche Verkehrszeitung, Nr. 049, 26.04.2005
aus Automobil Produktion, Heft 2/2005, S. 3

(19) Bogaschewsky, Ronald, Kalkül statt Hype, DVZ Deutsche Verkehrszeitung, Nr. 264, 31.05.2005
aus Automobil Produktion, Heft 2/2005, S. 3

(20) Flexibilitätsorientierung in der Auftragsabwicklung - Nutzung der Preis-Termin-Relation im dynamischen Produktionsumfeld
aus ZWF - Zeitschrift für wirtschaftlichen Fabrikbetrieb, Heft 12/2004, S. 711-714

(21) Auftragsfertigung Uhren "Made in Germany"
aus Elektronik Praxis Nr. 05 vom 07.03.2005 Seite 076

Impressum

Auftragsorientierte Produktion - Das Ende der Bestände?

Bibliografische Information der deutschen Nationalbibliothek

Die Deutsche Nationalbibliothek verzeichnet diese Publikation in der deutschen Nationalbibliografie; detaillierte bibliografische Daten sind im Internet über http://dnb.d-nb.de abrufbar.

ISBN: 978-3-7379-1050-7

© 2015 GBI-Genios Deutsche Wirtschaftsdatenbank GmbH, Freischützstraße 96, 81927 München, www.genios.de

Alle Rechte vorbehalten. Dieses Werk ist einschließlich aller seiner Teile – z.B. Texte, Tabellen und Grafiken - urheberrechtlich geschützt. Jede Verwertung außerhalb der Grenzen des Urheberrechtsgesetzes bedarf der vorherigen Zustimmung des Verlags. Dies gilt insbesondere auch für auszugsweise Nachdrucke, fotomechanische Vervielfältigungen (Fotokopie/Mikroskopie), Übersetzungen, Auswertungen durch Datenbanken oder ähnliche Einrichtungen und die Einspeicherung und Verarbeitung in elektronischen Systemen.